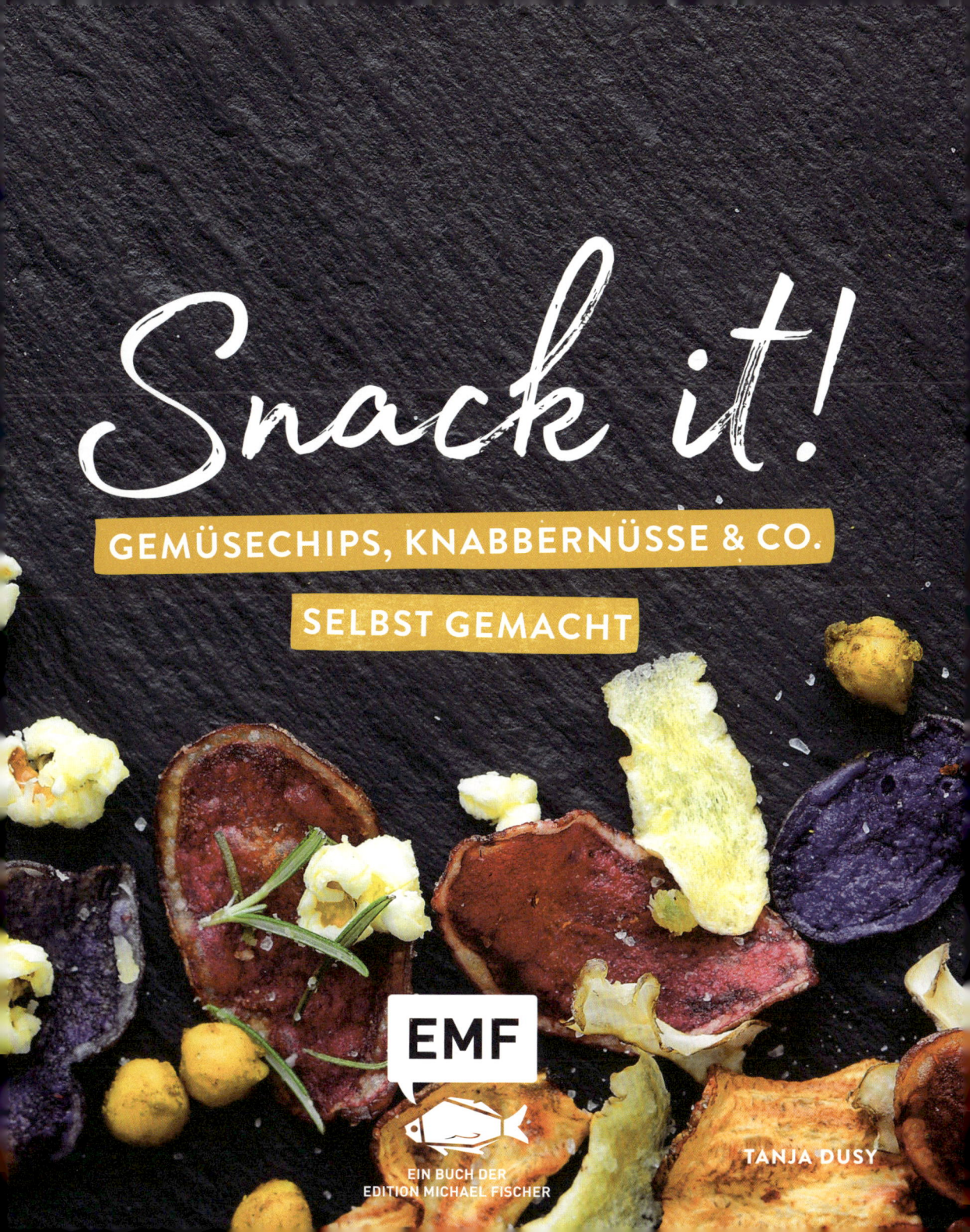

Snack it!

GEMÜSECHIPS, KNABBERNÜSSE & CO.

SELBST GEMACHT

EMF

EIN BUCH DER
EDITION MICHAEL FISCHER

TANJA DUSY

Impressum

Bibliografische Information der Deutschen Bibliothek.

Die Deutsche Bibliothek verzeichnet diese Publikation in der Deutschen Nationalbibliografie.
Detaillierte bibliografische Daten sind im Internet über http://www.d-nb.de/ abrufbar.

EIN BUCH DER EDITION MICHAEL FISCHER

1. Auflage 2017

© 2017 Edition Michael Fischer GmbH, Igling

Covergestaltung und Layout: Verena Raith
Satz: Pia von Miller
Produktmanagement und Lektorat: Annika Christof, Anja Sommerfeld
Fotos: Tanja Major, Geiselhöring

ISBN 978-3-86355-780-5

Printed in Slovakia

www.emf-verlag.de

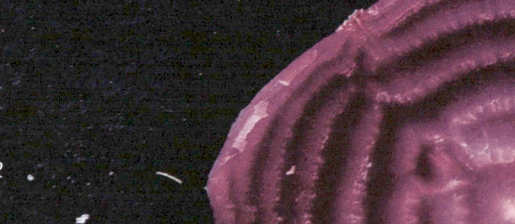

Inhaltsverzeichnis

Knabberlust ...

Fernsehen und eine Schüssel Chips zum Knabbern gehört für viele von uns zusammen wie Tatort und Sonntagabend. Das ist garantiert gut und schön für die Seele, aber nicht unbedingt für die Figur.

... bringt Frust

Egal ob nun die Tüte Chips, die Packung mit Salzcrackern oder Erdnüssen, die meisten Knabbereien enthalten deutlich zu viel Fett. Allein eine durchschnittliche Tüte Chips deckt beispielsweise den gesamten Tagesbedarf an Fett, und wer sich häufiger mal eine große Portion davon auf dem Fernsehsofa gönnt, läuft Gefahr, früher oder später selbst zur Couchpotato zu werden.

Aber nicht nur das zu viel an Fett ist ein Problem. Häufig enthalten fertig gekaufte Knabbereien ungesunde gesättigte Fette oder gefährliche Transfettsäuren (vor allem in gehärteten Fetten), zu viel Salz und auch Geschmacksverstärker, die langfristig der Gesundheit schaden können. Sollten wir daher besser auf Chips und Co. verzichten und besser nur rohe Möhrchen knabbern?

Selber machen!

Im Gegenteil – es gibt jede Menge Möglichkeiten, mit denen wir uns nicht nur beim Fernsehabend in knisternde Stimmung und knusprig gute Laune versetzen können: zum Beispiel mit all den selbst gemachten Knabbereien in diesem Buch, die nicht nur toll schmecken, sondern auch noch das Gesundheitsplus haben: leichte ofengeröstete Gemüsechips, pikant gewürzte Nuss- und Saatenmischungen, geröstete Hülsenfrüchte, vollkernige Cracker oder auch mal luftig kalorienarmes Popcorn. Selbst gemacht weiß man nicht nur ganz genau, was alles drin-

steckt. Die meisten dieser kleinen Snacks sind in der Regel auch wesentlich günstiger als die schicken Produkte, die in Bio- und normalen Supermärkten herkömmlichen Chips Konkurrenz machen. Denn gesund zu knabbern ist inzwischen mega in und trendy. Nicht nur Low-Carb-Anhänger schwören auf die Handvoll Nüsse oder Kalechips anstelle von kohlenhydratsatten Brötchen oder süßen Teilchen rund um die Uhr: Knabbereien können sogar richtig gesund sein, Heißhunger vertreiben, lange satt halten und richtig fit machen.

Nicht nur Kartoffeln

Gemüsechips aus Grünkohl, Süßkartoffeln und Wurzelgemüse wie Möhren, Pastinaken, Topinambur oder Rote Beten machen heute in Supermarkregalen normalen Kartoffel-chips den Rang streitig. Aber sind sie, nur weil sie aus Gemüse hergestellt werden, zwangs-läufig gesünder? Zwar enthält Gemüse mehr gesunde Ballaststoffe und weniger Kohlen-hydrate als Kartoffeln, aber die meisten Supermarkt-Gemüsechips werden wie Kar-toffelchips in einer ganzen Menge mehr oder weniger gutem Öl frittiert. Wesentlich leich-ter und fettärmer gelingen Chips dagegen ganz einfach im eigenen Ofen: vor dem Backen werden sie nur in wenig Öl gewendet oder dünn bestrichen. Wer häufig welche macht, für den lohnt sich die Anschaffung einer feinen Sprühflasche (z. B. über den Internethandel), mit der sich die Chips hauchdünn mit Öl über-ziehen lassen. Auf diese Weise lassen sich sogar „schlanke" Kartoffelchips herstellen – am besten aus Bio-Kartoffeln samt Schale, in der viele gesunde Ballaststoffe enthalten sind. Wer noch mehr an gesunden Pflanzen-stoffen erhalten will, gart bei niedrigen Tem-peraturen (siehe Seite 7).

Kernige Snacks

Ein paar Nüsschen, immer wenn der kleine Hunger kommt? Das ist ideal: Denn alle Nüsse, Mandeln, Cashewkerne und Saaten wie Kürbis- oder Sonnenblumenkerne und Sesam enthalten gesunde, ungesättigte Fettsäuren, hochwertiges Eiweiß und jede Menge sekundärer Pflanzen-stoffe. Deshalb sind sie unter anderem für Vege-tarier eine prima Quelle, um tierisches Protein zu ersetzen. Allerdings sollte man Nüsse wirklich nur als echten Ersatz für kleine Mahlzeiten ver-stehen und nicht ständig welche zusätzlich knabbern, denn Nüsse sind und bleiben kleine (wenn auch gesunde) Fettbomben. Doch gerade das macht sie als vollständigen Snack umso at-traktiver: Im Gegensatz zum schnell gefutterten Keks oder Brötchen sind sie kohlenhydratarm, las-sen den Blutzuckerspiegel deshalb nur wenig an-steigen und halten dank Fett richtig lange satt – auf diese Weise kommt der kleine (Heiß)Hunger dann auch wesentlich seltener. Fein geröstet und gut gewürzt schmecken sie noch mal so gut. In den Rezepten können die verschiedenen Nussorten ganz nach Lust und persönlicher Vorliebe ausgetauscht werden (siehe Seite 7).

Gesund hoch drei

Gemüse, Nüsse und Saaten werden mit Getreide als Drittem im Bund zum vollkommenen Knuspergenuss: Cracker aus vollem Kern und Korn statt (weißem) Mehl sind super beliebt: als gesunder Snack für unterwegs oder als vollwertige Knabberei. Die Bandbreite ist groß: von süß bis pikant, würzig, nussig, als knäckebrotartiges Gebäck oder kleine Knabberhappen – erlaubt ist hier, was schmeckt und knuspert.

Unsere Vorschläge bestehen aus reichlich gesunden Nüssen und Saaten (siehe Seite 5), etwas Gemüse oder Obst zum Süßen und Buchweizen als Getreide. Anders als der Name vermuten lässt, ist Buchweizen keine Weizenart, sondern ein sogenanntes Pseudogetreide. Er hat es echt in sich und man braucht nicht zehn verschiedene Sorten Getreide zu kaufen: Einerseits ist er glutenfrei – und damit für Allergiker geeignet – andererseits ist er extrem eiweißhaltig und voller gesunder Inhaltsstoffe. Zusammen mit seinem intensiv nussigen Geschmack und der knackigen Konsistenz ist er daher die erste Wahl im Snackbackregal. Wer sich davon eine Packung kauft, kann sich durch alle Crackerrezepte backen – bis die Packung leer ist.

No-Gos

Was wir in gesunden Knabbereien eigentlich weniger haben wollen, ist ein Zuviel an (ungesundem) Fett, Zucker, Salz und künstlichen Aromen. Auf Letztere wird in diesem Buch vollständig verzichtet. Ein wenig Salz, ein bisschen Zucker, das bringt Würze und versüßt das Leben. Hier gilt, wie fast immer, die Menge macht das Gift. Raffinadezucker lässt sich meist durch (Voll-)Rohrzucker, Honig oder Ahornsirup ersetzen oder entfällt durch den Einsatz von Früchten mit viel eigenem Fruchtzucker (wie z. B. getrockneten Datteln). Salz hebt das Aroma, kann aber sparsam eingesetzt werden, da andere Gewürze und Kräuter ihm zur Seite stehen. Auf Fett kann man beim Herstellen von Chips oder auch beim knusprigen Rösten von Nüssen oder Hülsenfrüchten nicht vollständig verzichten. Hier braucht es ein gesundes, dafür aber hocherhitzbares Öl wie z. B. Rapsöl oder spezielles Bratöl aus Sonnenblumen und/ oder Olivenöl. Kalt gepresste Öle sind zwar gesund und für Salate wunderbar geeignet, sollten aber nicht zum Garen bei hohen Temperaturen verwendet werden.

Roh oder gekocht

Bei fast allen Knabbereien in diesem Buch kommt der Backofen zum Einsatz, immer bei möglichst niedriger Temperatur. Das hat den Nachteil, dass die Backzeiten etwas länger sind, aber auch den Vorteil, dass damit so viele der gesunden Inhaltsstoffe wie möglich erhalten bleiben. Wer noch schonender garen will, kann bei Gemüsechips und Crackern die Backtemperatur grundsätzlich auf 50 °C (möglichst Umluft) reduzieren und sie in 10–15 Stunden eher trocknen als backen – so erhält man annähernd Rohkostqualität, wie in einem speziellen Dehydrator, der für Rawfood bei schonenden rund 40–45 °C bäckt. Zum Rösten von Nüssen oder Hülsenfrüchten ist diese Methode allerdings nicht empfehlenswert. Schneller und auf jeden Fall knusprig und lecker gelingt es mit den angegebenen Backtemperaturen und Zeiten. Trotzdem: Da der Feuchtigkeitsgehalt von Gemüse variiert oder die Dicke von Chips unterschiedlich ausfallen kann, das Backgut unbedingt gegen Ende der angegebenen Zeit im Auge behalten und ggf. etwas früher herausnehmen oder einige Minuten länger garen.

Einfach genießen

Viele der in den Rezepten verwendeten Zutaten kann man auch untereinander austauschen: Wer eine Nuss-Sorte nicht mag oder Abwechslung liebt, probiert einmal eine andere oder lässt eines der Wurzelgemüse in der Mischung weg, wenn es nicht zu bekommen ist. Und weil die Knabbereien meist ruckzuck weg sind, kann man auch größere Mengen zubereiten und sie anschließend in luftdicht verschließbaren Dosen oder Aufbewahrungsboxen im Vorrat halten. Allerdings: Frisch schmecken die meisten Knabbersnacks am besten. Popcorn nach Möglichkeit sogar noch ofenwarm und auch Edamame oder Kichererbsen kann man lauwarm genießen. Apropos, diese beiden sowie einige der Nussmischungen sind tolle Toppings für Salate, Gemüsegerichte oder sogar Cremesuppen.

Tipp

Am besten Bio-Kartoffeln verwenden und die Schale dranlassen, das bringt mehr Aroma!

Salt & Vinegar-Kartoffelchips

2 dickere festkochende Kartoffeln
(à ca. 150 g; siehe Tipp)
3 EL Apfel- oder Weißweinessig
2 EL hocherhitzbares Öl
Salz – Pfeffer

1. Die Kartoffeln gut waschen, eventuell schälen (siehe Tipp) und in feine Scheiben hobeln. In einem Sieb kalt abbrausen und trocken tupfen. Mit Essig in einer Schüssel mischen und 30 Minuten ziehen lassen.

2. Den Backofen auf 220 °C Ober-/Unterhitze vorheizen (Umluft ist nicht empfehlenswert). Die Kartoffeln trocken tupfen und mit dem Öl mischen. So auf ein mit Backpapier ausgelegtes Blech legen, dass sie möglichst wenig überlappen. Leicht salzen und pfeffern.

3. Die Chips im heißen Ofen (Mitte) in 10–12 Minuten knusprig braun backen, dabei nach etwa 5–6 Minuten wenden. Herausnehmen und abkühlen lassen.

Bunter Trailmix

4 EL Kokosöl (oder Butter)

100 g geschälte Mandeln

100 g geschälte Erdnüsse

50 g Kokoschips (Kokosspäne) – Salz

50 g getrocknete Mini-Feigen

50 g Bananenchips

25 g getrocknete Cranberrys

25 g getrocknete Physalis

25 g getrocknete Sauerkirschen

1. Den Backofen auf 120 °C Ober- /Unterhitze (Umluft ist nicht empfehlenswert) vorheizen. Kokosöl oder Butter in einer beschichteten Pfanne schmelzen, Mandeln, Erdnüsse und Kokoschips zugeben, 1 Teelöffel Salz darüberstreuen und alles unter ständigem Rühren erhitzen, bis das Öl oder die Butter richtig heiß ist.

2. Die Mandeln, Erdnüsse und Kokoschips auf ein mit Backpapier ausgelegtes Blech geben und im heißen Ofen (Mitte) 20–25 Minuten trocknen lassen, sie sollten lediglich leicht bräunen. Anschließend herausnehmen und abkühlen lassen.

3. Inzwischen die Mini-Feigen vierteln, die Bananenchips eventuell kleiner brechen. Beides zusammen mit den getrockneten Früchten und der gerösteten, abgekühlten Nussmischung vermengen. Zum Aufbewahren alles in ein verschließbares Glas füllen.

Tipp

Will man die Chickpeas nicht sofort vernaschen, sollten sie in einem luftdicht verschließbaren Behälter aufbewahrt werden.

Hot-Masala-Chickpeas

1 Dose Kichererbsen (ca. 240 g Abtropfgewicht)
1 kleine Knoblauchzehe
1½ EL hocherhitzbares Olivenöl
2 Spritzer Zitronensaft
1 TL Garam Masala
2 Messerspitzen Chilipulver
⅓ TL Kurkumapulver
Salz – Pfeffer

1. Den Backofen auf 200 °C Ober- /Unterhitze (oder 180 °C Umluft) vorheizen. Die Kichererbsen in ein Sieb gießen, mit kaltem Wasser abbrausen und gut abtropfen lassen.

2. Knoblauch schälen und in eine Schüssel pressen. Mit Öl, Zitronensaft und den Gewürzen verrühren, kräftig salzen und pfeffern. Kichererbsen dazugeben und alles gut mischen. Dann die Kichererbsen auf ein mit Backpapier ausgelegtes Blech geben.

3. Die Kichererbsen im Ofen (Mitte) in 30–40 Minuten knusprig braun rösten, dabei 2- bis 3-mal mit einem Löffel umrühren. Anschließend abkühlen lassen.

Provenzalische Kürbischips

½ kleiner Hokkaido-Kürbis (oder Butternusskürbis, geputzt ca. 500 g)

1 TL Kräuter der Provence (Kräutermischung)

2 Messerspitzen Chilipulver

1 TL Zitronensaft

2 EL hocherhitzbares Olivenöl

Salz

1. Den Backofen auf 130 °C Ober- /Unterhitze (oder 110 °C Umluft) erhitzen. Kürbis waschen, putzen, nach Wunsch schälen und in möglichst feine Streifen oder Stücke hobeln.

2. Kräuter der Provence im Mörser noch etwas feiner mahlen, zusammen mit Chilipulver, Zitronensaft und Öl in einer Schüssel verrühren. Kürbis hineingeben, alles gut mischen.

3. Kürbis so auf zwei mit Backpapier ausgelegte Bleche geben, dass sich die Streifen möglichst wenig überlappen, sparsam salzen.

4. Im Ofen nacheinander (oder bei Umluft gleichzeitig) ca. 50 Minuten garen, bis die Kürbisstreifen trocknen und sich leicht aufrollen. Dabei zwischendurch 1- bis 2-mal mit einem Löffel wenden.

Christmas-Maplesirup-Pekans

1 kleines Eiweiß (Größe S)

3 EL Ahornsirup

1 Päckchen Vanillezucker

1 EL Rohrohrzucker

1 TL Zimtpulver

½ TL Lebkuchengewürz

200 g Pekannusskerne

1. Den Backofen auf 180 °C Ober- /Unterhitze (Umluft ist nicht empfehlenswert) vorheizen. Das Eiweiß mit dem Schneebesen schaumig schlagen, Ahornsirup, Vanillezucker, Rohrohrzucker, Zimtpulver und Lebkuchengewürz in einer Schüssel verrühren, dann das schaumige Eiweiß unterschlagen. Nüsse hineingeben und gut mischen, bis sie schön überzogen sind.

2. Die Nüsse auf ein mit Backpapier ausgelegtes Blech geben und anschließend im heißen Backofen (Mitte) 6–7 Minuten rösten.

3. Das Backpapier unter den Nüssen wegziehen, die Nüsse auf dem Blech verteilen und anschließend weitere 6–8 Minuten rösten, bis sie schön gebräunt sind. Herausnehmen, abkühlen lassen, dann in eine luftdicht verschließbare Dose füllen.

Apfel-Möhren-Cracker

150 g getrocknete entsteinte Datteln

100 g Buchweizen

120 g Goldleinsamen

1 kleiner Apfel (ca. 120 g)

1 Möhre (ca. 120 g)

4 EL Zitronensaft

1½ TL Zimtpulver

2 EL Kokosmehl (oder Mandelmehl)

1 Blech ca. 45–50 Stück

1. Die Datteln, den Buchweizen und die Hälfte der Leinsamen in je einer Schüssel mit kaltem Wasser über Nacht zugedeckt einweichen.

2. Am nächsten Tag Datteln in ein Sieb gießen, ausdrücken und grob zerschneiden. Buchweizen ebenfalls abgießen, kalt abspülen und abtropfen lassen. Vom Leinsamen überschüssiges Wasser abgießen, aber die geleeartige Flüssigkeit aufbewahren.

3. Den Backofen auf 130 °C Umluft (oder 150° C Ober- /Unterhitze) vorheizen. Apfel waschen, vierteln, Kerngehäuse entfernen, Möhre schälen. Beides grob zerschneiden und mit Datteln, Zitronensaft und 4 Esslöffeln eingeweichtem Leinsamen pürieren.

Zimt und Buchweizen zugeben, kurz anpürieren, Kokosmehl und übrigen trockenen und eingeweichten Leinsamen unterrühren. Die Masse auf einem mit Backpapier ausgelegten Blech 3–4 mm dick glatt ausstreichen. Mit einem Messer kleine Vierecke einritzen.

4. Im heißen Ofen ca. 40–60 Minuten backen. Sobald die Cracker gebräunt sind und sich leicht vom Backpapier lösen lassen, mithilfe des Backpapiers wenden, Papier abziehen und auf dem Blech in 30–40 Minuten fertig backen. Herausnehmen, abkühlen lassen, in Stücke brechen und luftdicht verpacken.

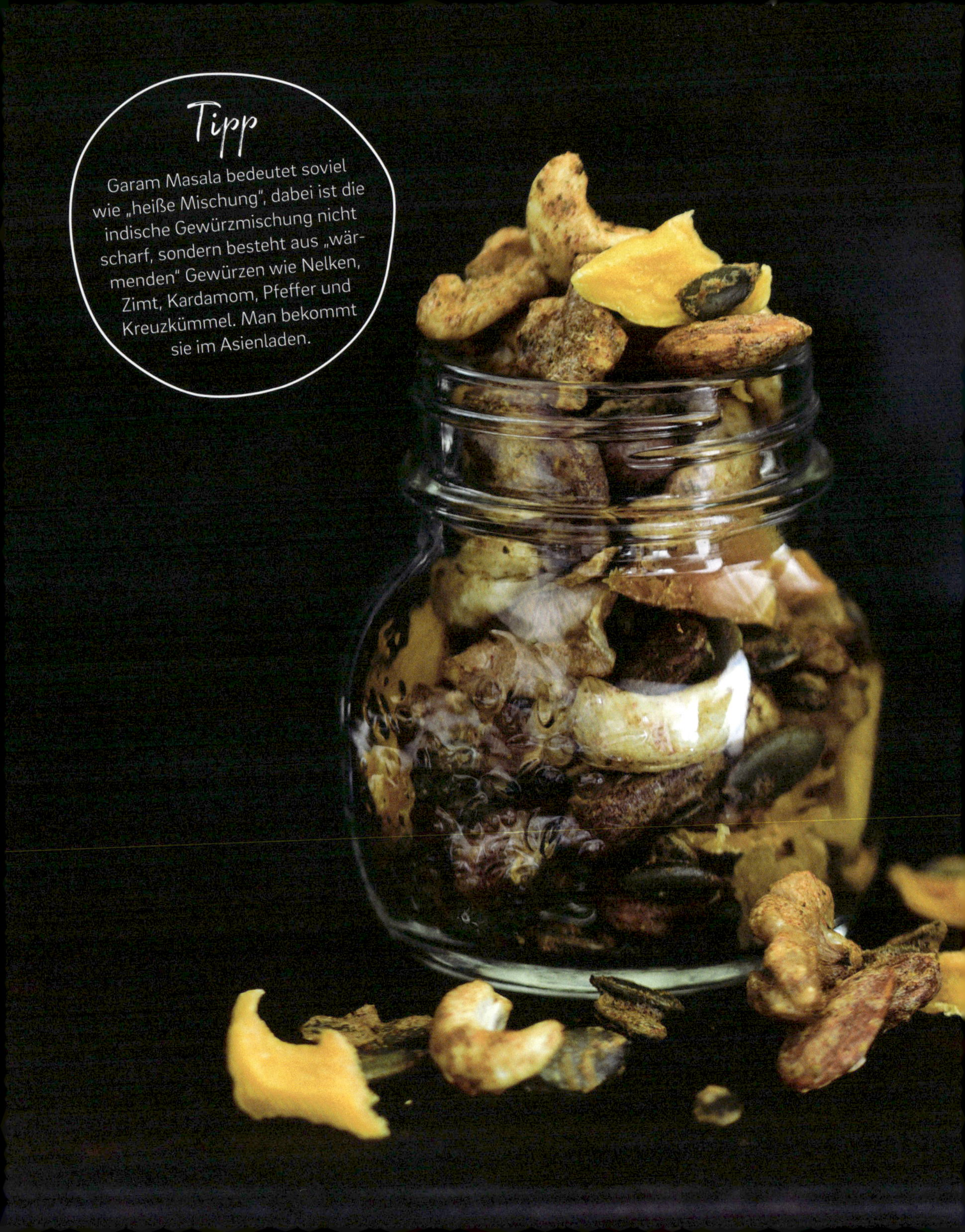

Tipp

Garam Masala bedeutet soviel wie „heiße Mischung", dabei ist die indische Gewürzmischung nicht scharf, sondern besteht aus „wärmenden" Gewürzen wie Nelken, Zimt, Kardamom, Pfeffer und Kreuzkümmel. Man bekommt sie im Asienladen.

Indian Nut-Mango-Mix

100 g Mandeln

100 g Cashewkerne

50 g Walnusskerne

50 g Kürbiskerne

1 frisches Eiweiß (Größe S)

2 EL scharfes Currypulver

1 TL edelsüßes Paprikapulver

¾ TL Garam Masala

1 EL Zucker – Salz

2–3 EL Limettensaft

70 g getrocknete Mango

1. Den Backofen auf 180 °C Ober-/Unter-hitze (Umluft ist nicht empfehlenswert) vorheizen. Mandeln, Cashewkerne, Wal-nüsse (ganze Hälften evtl. nochmals halbieren) und Kürbiskerne mischen.

2. Das Eiweiß in einer großen Schüssel schaumig schlagen. Die Gewürze, den Zucker und 1 Teelöffel Salz unterrühren, 2–3 Esslöffel Limettensaft zugeben, sodass eine leicht flüssige Masse ent-steht. Die Nussmischung zugeben und alles verrühren, bis die Nüsse schön mit der Masse überzogen sind.

3. Auf einem mit Backpapier ausgelegten Blech verteilen. Im heißen Ofen (Mitte) 6–7 Minuten rösten. Herausnehmen, Backpapier entfernen, damit die Nüsse nicht ankleben und auf dem Blech wei-tere 6–7 Minuten rösten. Herausneh-men und abkühlen lassen.

4. Inzwischen getrocknete Mango in kleine Stücke schneiden. Unter die abgekühlten Nüsse mischen und in ein luftdicht ver-schließbares Glas füllen.

Rosmarin-Parmesan-Popcorn

1 Knoblauchzehe
3 EL hocherhitzbares Olivenöl
1 EL gehackte Rosmarinnadeln
3 gehäufte EL Popcorn-Mais
2 EL fein geriebener Parmesan
Salz – Schwarzer Pfeffer

1. Den Knoblauch schälen und in Scheiben schneiden. 1 Esslöffel Olivenöl abnehmen und mit den Rosmarinnadeln mischen. Das übrige Öl in einen großen, weiten Topf geben. Die Maiskörner und den Knoblauch hineingeben, mit einem Topfdeckel verschließen und auf höchster Stufe erhitzen.

2. Sobald die Körner zu poppen beginnen, die Hitze leicht reduzieren. Sobald alle Körner gepoppt sind, Topf öffnen, Rosmarinöl über das Popcorn träufeln, Parmesan darüberstreuen, leicht salzen und pfeffern und alles gut mischen.

3. Sofort in eine Schale geben, dabei Knoblauchscheiben entfernen und am besten noch lauwarm genießen.

Thaicurry-Kokos-Cashew-Mix

1½ EL Kokosöl
1 TL Tomatenmark
1 TL rote Thai-Currypaste
1½ EL Honig
1 TL Rohrohrzucker
2½ EL Limettensaft
200 g Cashewkerne
40 g Kokoschips (Kokosspäne)
Salz

1. Den Backofen auf 160 °C Ober-/Unterhitze vorheizen (Umluft ist nicht empfehlenswert). Kokosöl in einem Topf schmelzen, dann mit Tomatenmark, Currypaste, Honig, Zucker und Limettensaft verrühren. Erhitzen, bis sich alles zu einer dickflüssigen Creme verbindet.

2. Nüsse und Kokoschips gründlich mit der Gewürzpaste vermischen und alles auf ein Blech geben. Im heißen Ofen (Mitte) 20–25 Minuten rösten, dabei nach gut der Hälfte der Zeit einmal umrühren. Am Ende alles gut im Auge behalten: Die Nüsse sollten hellbraun, die Kokoschips schön braun geröstet sein, jedoch ohne dabei zu verbrennen.

3. Herausnehmen und abkühlen lassen: Die Mischung ist in heißem Zustand noch weich und wird erst abgekühlt knusprig. Danach luftdicht verschlossen aufbewahren.

Tipp

Edamame sind unreife grüne Sojabohnen, es gibt sie im Bio- oder Asienladen. Dort finden Sie auch Shichimi togarashi, eine scharfe Würzmischung mit Chili und Sesamsamen, und Tamari, glutenfreie Sojasoße.

Geröstete Tamari-Edamame

350 g tiefgekühlte ausgelöste Edamame (siehe Tipp)
oder alternativ 400 g frische Edamame in der Schale

3 EL Tamari (oder Sojasauce)

2 EL hocherhitzbares Öl

½ TL Honig oder Ahornsirup – Salz

⅓ TL Shichimi togarashi (japanische Gewürzmischung;
ersatzweise Chiliflocken)

1. Die gefrorenen Edamame in einem Sieb auftauen und trocken tupfen. Für die Variante mit Schale direkt zu Punkt zwei übergehen.

2. Den Backofen auf 180 °C Ober-/Unterhitze (oder 160 °C Umluft) vorheizen. Tamari, Öl und Honig oder Ahornsirup in einer Schüssel mischen. Die aufgetauten Edamame zugeben, darin wenden und auf einem mit Backpapier ausgelegten Blech verteilen, salzen. Für die zweite Variante diesen Schritt mitsamt der Schale durchführen.

3. Die Edamame – je nach Variante die losen Bohnen oder die Edamame in der Schale – im heißen Ofen (Mitte) 25–30 Minuten garen, bis sie bräunen, dann mit Shichimi togarashi bestreuen und durchrühren. Anschließend in weiteren 15–20 Minuten knusprig braun fertig garen. Herausnehmen, abkühlen lassen und lauwarm oder kalt genießen, eventuell luftdicht verpacken. Für die alternative Zubereitung die Edamame mitsamt der Schale servieren und zum Verzehr die einzelnen Bohnen mit dem Mund herauslösen. Auch auf diese Weise lässt sich die Würzmischung wunderbar genießen, die Schalen anschließend entsorgen.

Rote-Bete-Buchweizen-Crunchies

120 g Buchweizen

50 g Sonnenblumenkerne

1 kleine Rote Bete (ca. 80 g)

2 EL Zitronensaft

1 TL gemahlener Leinsamen (Leinsamenmehl)

½ TL gemahlener Kreuzkümmel

½ TL getrockneter Majoran

Salz – Pfeffer

60 g Leinsamen

2 Bleche ca. 45 Stück

1. Den Buchweizen und die Sonnenblumen-kerne zusammen in einer Schüssel mit reichlich kaltem Wasser zugedeckt über Nacht einweichen. Am nächsten Tag in ein Sieb gießen, kalt abspülen und ab-tropfen lassen.

2. Rote Bete schälen, grob zerschneiden, mit Zitronensaft und 2–3 Esslöffel Was-ser fein pürieren. Gemahlenen Leinsa-men, Kreuzkümmel, Majoran, 1 Teelöffel Salz und reichlich Pfeffer kurz mitpürie-ren, etwa 15 Minuten quellen lassen.

3. Buchweizen, Sonnenblumenkerne und Leinsamen unter das Rote-Bete-Püree mischen und teelöffelweise auf zwei mit Backpapier ausgelegte Bleche setzen.

4. Den Backofen auf 130 °C Umluft (oder 150 °C Ober-/Unterhitze) vorheizen. Die Häufchen so dünn wie möglich flach und rund drücken, 15 Minuten antrocknen lassen, dann nochmals schön rund formen.

5. Die Crunchies im heißen Ofen etwa 30 Minuten backen, wenden und weitere 10–15 Minuten backen. Herausnehmen, abkühlen lassen und luftdicht verschlos-sen aufbewahren.

Studentenfutter deluxe

120 g Mandeln
80 g Paranüsse
70 g Cashewkerne
70 g Walnusskerne
50 g getrocknete, entsteinte (Medjol-)Datteln
25 g Zartbitterschokolade (Rohkostqualität)
1 EL Tahin (Sesammus)
½ TL Lebkuchengewürz
2 EL getrocknete Cranberrys

1. Den Backofen auf 200 °C Ober- /Unterhitze (oder 180 °C Umluft) vorheizen. Mandeln auf ein Blech geben und im heißen Ofen (oben) ca. 10 Minuten rösten, herausnehmen und abkühlen lassen.

Inzwischen die übrigen Nüsse eventuell etwas zerkleinern und beiseitelegen. Die Datteln grob zerschneiden. Nun die Schokolade im Blitzhacker zerkleinern, herausnehmen, dann je 20 g Cashewkerne und Walnüsse zerkleinern. Datteln, Tahin und Lebkuchengewürz zugeben und alles zu einer festen Masse pürieren, zuletzt die Schokolade untermengen. Die Masse etwa 30 Minuten kühl stellen.

Von den Mandeln 50 g abnehmen und grob hacken. Die Dattelmasse zu einer 1 cm dicken Rolle formen, in den Mandeln wälzen und diese leicht festdrücken. Die Rolle in ca. 1 cm große Stücke schneiden, mit den übrigen Mandeln, Paranüssen, Walnüssen, Cashewkernen und den Cranberrys mischen und luftdicht verpacken.

Tipp

Das Auge isst mit: Ein farbenfroher und schmackhafter Mix entsteht, wenn man die Zutatenliste um Ringelbete (Tonda di Chioggia) und blaue Kartoffel erweitert.

Bunte Wurzelchips mit Meersalz

1 dicke Möhre (ca. 150 g)
1 Rote Bete (ca. 100 g)
1 Pastinake (ca. 150 g)
4 Topinamburknollen (à ca. 50 g)
2–3 EL hocherhitzbares Olivenöl
Meersalz – Pfeffer

1. Den Backofen auf 130 °C Ober-/Unterhitze (oder 110 °C Umluft) erhitzen. Gemüse waschen und schälen (Biogemüse nur gut sauber schrubben), putzen und getrennt in feine Scheiben hobeln (Möhre und Pastinake am besten leicht schräg, wer will kann sie auch längs mit dem Sparschäler in Streifen hobeln).

2. Das Gemüse einzeln mit wenig Öl mischen und so auf zwei mit Backpapier ausgelegte Bleche geben (Rote Bete separat, da sie färben), dass die Scheiben sich möglichst wenig überlappen. Sparsam salzen und pfeffern.

3. Im Ofen nacheinander oder beide Bleche mit Umluft ca. 50 Minuten garen, bis das Gemüse trocken und leicht gebräunt ist, dabei zwischendurch 1- bis 2-mal mit einem Löffel wenden.

Marokko-Würzmandeln

1 EL hocherhitzbares Öl

1 EL Honig

1⅓ TL Zucker

1 EL Zitronensaft

1 TL gemahlener Kreuzkümmel

½ TL gemahlener Koriander

1 TL Ras el Hanout (orientalische Gewürzmischung)

2 Messerspitzen Chilipulver

Salz – Schwarzer Pfeffer

250 g Mandeln

Den Backofen auf 160 °C Ober-/Unterhitze vorheizen (Umluft ist nicht empfehlenswert). Öl, Honig, 1 Teelöffel Zucker und Zitronensaft verrühren. Die Gewürze in einer separaten Schüssel mit etwas Salz und reichlich Pfeffer mischen, dann 1½ Teelöffel davon unter die Öl-mischung rühren.

1. Die Mandeln gründlich im Gewürzöl wenden, dann auf einem mit Backpapier ausgelegten Blech verteilen. Anschließend etwas Gewürzmischung darüberstreuen und leicht salzen.

2. Die Mandeln im heißen Ofen (Mitte) in 15–18 Minuten dunkelbraun rösten, dabei nach ca. 7 Minuten einmal durchrühren, mit etwas Gewürzmischung sowie dem übrigen Zucker bestreuen und weiterrösten. Am Ende gut im Auge behalten, damit die Gewürze nicht an-brennen und schwarz werden. Herausnehmen, auf dem Blech auskühlen lassen und in eine luftdicht ver-schließbare Dose füllen.

Scharfe Kräuter-Honig-Nüsse

2 EL hocherhitzbares Olivenöl

1 Knoblauchzehe

je ¼ TL getrockneter Thymian und Rosmarin

2 EL Rohrohrzucker

1 TL Honig – Salz

1 TL Senf

grob gemahlener Pfeffer

3–4 Messerspitzen Chiliflocken

100 g geschälte Mandeln

50 g Haselnüsse

50 g Macadamianüsse

1. Den Backofen auf 160 °C Ober-/Unterhitze (Umluft ist nicht empfehlenswert) vorheizen. Öl in einem kleinen Topf erhitzen, Knoblauch schälen und dazupressen. Kräuter unterrühren und kurz im Öl ziehen lassen. Zucker, Honig und ½ Teelöffel Salz zugeben, rühren, bis der Zucker fast geschmolzen ist, vom Herd nehmen.

2. Leicht abkühlen lassen. Senf, reichlich Pfeffer und Chiliflocken unterrühren, bis eine cremige Masse entsteht. Die Nüsse zugeben und alles mischen, bis sie schön überzogen sind. Auf ein mit Backpapier ausgelegtes Blech geben.

3. Die Nussmischung im Ofen (Mitte) ca. 7 Minuten rösten, dann mit einem Löffel durchrühren und weitere 6–8 Minuten rösten, bis die Nüsse goldbraun sind. Herausnehmen, nochmals durchrühren und auskühlen lassen. In ein fest verschließbares Glas füllen.

Lemonbites

100 g Buchweizen

30 g Kürbiskerne

30 g (schwarzer) Sesamsamen

100 g getrocknete entsteinte Datteln

50 g Goldleinsamen

40 g getrocknete Sauerkirschen

50 g Mandeln

1 Bio-Zitrone

30 g Kokosraspeln

ca. 30 Stück

1. Buchweizen, Kürbiskerne und Sesam zusammen, Datteln und Leinsamen getrennt in drei Schüsseln mit kaltem Wasser über Nacht zugedeckt quellen lassen.

2. Am nächsten Tag Buchweizen, Kürbiskerne und Sesam in ein Sieb gießen, kalt abspülen und abtropfen lassen. Datteln ebenfalls abgießen, ausdrücken und zerschneiden. Evtl. überschüssiges Wasser vom Leinsamen weggießen, dabei die geleeartige Flüssigkeit zurückbehalten. Die Sauerkirschen fein hacken, die Mandeln grob hacken.

Bio-Zitrone heiß waschen, abtrocknen, Schale fein abreiben, Saft auspressen. Datteln mit Leinsamen samt Einweichflüssigkeit und 2–3 EL Zitronensaft pürieren. Übrige Zutaten samt Zitronenschale untermengen. Der übrige Zitronensaft wird nicht benötigt.

Backofen auf 80 °C Umluft (oder 100 °C Ober-/Unterhitze) vorheizen. Körnermasse teelöffelweise auf ein mit Backpapier ausgelegtes Blech setzen. 2 ½–3 Stunden backen (Mitte), ohne dass sie bräunen. Herausnehmen, abkühlen lassen und luftdicht verpacken.

Karamell-Popcorn mit Meersalz

3 EL Kokosöl oder hocherhitzbares Öl

3 EL Popcorn-Mais

3 EL Zucker

1 Päckchen Vanillezucker

Meersalz

1. Das Öl in einem großen Topf stark erhitzen. Mais hineingeben und den Topfdeckel auflegen. Zucker und Vanillezucker mischen.

2. Sobald der Mais im Topf laut aufzupoppen beginnt, den Topf sofort vom Herd nehmen, Deckel kurz abnehmen und den Zucker über den Mais streuen. Deckel auflegen und den Topf zügig wieder auf den Herd stellen und unter leichtem Rütteln so lange weiter darauf stehen lassen, bis der Mais zu poppen aufhört.

3. Topf nun schnell vom Herd nehmen und den Mais sofort in eine breite Auflaufform oder auf einem Blech verteilen, dabei aufpassen! Das Karamell ist extrem heiß, nicht anfassen! Solange alles noch warm ist, leicht mit gemahlenem Meersalz bestreuen und auskühlen lassen. Am besten frisch essen oder abgekühlt in einer luftdichten Dose aufbewahren.

Hot-Chili-Sweetpotato-Chips

2 kleinere Bio-Süßkartoffeln (à ca. 200 g)
2 EL hocherhitzbares Öl
1 TL Chilisoße (z. B. Sriracha)
2 TL Limettensaft
Salz – Pfeffer

1. Den Backofen auf 160 °C Ober- /Unterhitze (oder 140 °C Umluft) vorheizen. Die Süßkartoffeln waschen, die Enden wegschneiden und die Kartoffeln in feine Scheiben hobeln. Öl, Chilisoße und Limettensaft in einer Schüssel gründlich verrühren, anschließend die Kartoffeln darin wenden.

2. Süßkartoffeln so auf zwei mit Backpapier ausgelegte Bleche verteilen, dass sich die Scheiben möglichst nicht überlappen. Leicht salzen und pfeffern.

3. Die Bleche mit den Kartoffeln nacheinander (Mitte) oder bei Umluft zusammen in den heißen Ofen hineinschieben (bei Umluft evtl. die Bleche zwischendurch tauschen und etwas länger backen).

4. Die Chips 10 Minuten backen. Sobald sie sich leicht an den Rändern kräuseln, wenden und in weiteren 8–10 Minuten fertig backen. Herausnehmen, vom Blech nehmen und abkühlen lassen.

Tipp

Will man die Kalechips nicht
sofort verputzen, sollten sie in
einer Plastikbox luftdicht verschlossen aufbewahrt werden.

Mustard & Honey Kalechips

150 g Grünkohl
1½ EL Cashewnussmus
1½ EL Dijon-Senf
1½ TL Honig
1 EL Zitronensaft
Salz – Pfeffer

1. Den Backofen auf 100 °C Umluft (oder 130 °C Ober- / Unterhitze) vorheizen. Grünkohl waschen, die Blätter abzupfen, mundgerecht zerkleinern, trocken tupfen.

2. Cashewnussmus, Senf, Honig, Zitronensaft und 1–2 Esslöffel Wasser, wenig Salz und etwas Pfeffer in einer Schüssel verrühren. Grünkohl zugeben und alles mit den Händen kräftig untereinander kneten, bis die Blätter gut mit der Masse überzogen sind.

3. Grünkohl auf ein mit Backpapier ausgelegtes Blech verteilen und im Ofen (Mitte) 1 Stunde bis 1 Stunde 15 Minuten knusprig trocknen, dabei die Blätter nach etwa der Hälfte der Zeit mit einem Löffel auflockern oder wenden. Anschließend abkühlen lassen.

Die Autorin

Tanja Dusy fühlt sich am wohlsten, wenn es in der Küche
richtig rundgeht. Sie schreibt seit über 15 Jahren erfolgreich
Kochbücher und war lange Zeit als Redakteurin tätig.
Als Küchenprofi entwickelt sie Rezepte, die nicht nur ver-
lässlich gelingen, sondern auch das besondere Etwas haben.

Die Fotografin

Kochen und Fotografie sind die zwei großen Leidenschaften
von Tanja Major. Sie lernte das Kochen von der Pike auf in
Gourmet- und Sterneküchen. Seit 1994 arbeitet sie als
Foodstylistin und Fotografin für Buchverlage, Foodmagazine
und Werbung. www.tanja-major.de

Pizzacracker

70 g getrocknete Tomaten
80 g Cashewkerne
80 g Goldleinsamen
1 Schalotte
1 Knoblauchzehe
1 kleine Möhre (ca. 50 g)
2 EL Zitronensaft
1 EL fein gehackter Dill
Salz – Chilipulver

**1 Blech
ca. 45–50
Stück**

1. Die Tomaten, die Cashewkerne und die Hälfte der Leinsamen in je einer Schüssel mit kaltem Wasser über Nacht zugedeckt einweichen.

2. Am nächsten Tag Tomaten in ein Sieb gießen, ausdrücken und grob zerschneiden. Cashewkerne abgießen und kalt abbrausen. Vom Leinsamen eventuell restliches Wasser abgießen, die geleeartige Flüssigkeit zurückbehalten.

3. Schalotte, Knoblauch und Möhre schälen, grob zerschneiden. Mit Tomaten, Zitronensaft und 2 Esslöffeln eingeweichten Leinsamen pürieren, Cashews zugeben, mitpürieren. Übrigen trockenen und eingeweichten Leinsamen und Dill unterrühren, mit Salz und 1–2 Prisen Chili würzen.

Den Backofen auf 130 °C Umluft (oder 150 °C Ober-/Unterhitze) vorheizen. Tomatenmasse auf einem mit Backpapier ausgelegten Blech 2–3 mm dick ausstreichen. Anschließend mit einem Messer kleine Vierecke einritzen. Im heißen Ofen (Mitte) 35–40 Minuten garen, bis die Cracker sich leicht vom Papier lösen lassen.

4. Mithilfe des Papiers wenden und es dann vorsichtig abziehen, die Cracker weitere 15–20 Minuten fertig backen, herausnehmen, abkühlen lassen, in Stücke brechen und luftdicht verschlossen aufbewahren.

Mustard & Honey Kalechips

150 g Grünkohl
1½ EL Cashewnussmus
1½ EL Dijon-Senf
1½ TL Honig
1 EL Zitronensaft
Salz – Pfeffer

1. Den Backofen auf 100 °C Umluft (oder 130 °C Ober- / Unterhitze) vorheizen. Grünkohl waschen, die Blätter abzupfen, mundgerecht zerkleinern, trocken tupfen.

2. Cashewnussmus, Senf, Honig, Zitronensaft und 1–2 Esslöffel Wasser, wenig Salz und etwas Pfeffer in einer Schüssel verrühren. Grünkohl zugeben und alles mit den Händen kräftig untereinander kneten, bis die Blätter gut mit der Masse überzogen sind.

3. Grünkohl auf ein mit Backpapier ausgelegtes Blech verteilen und im Ofen (Mitte) 1 Stunde bis 1 Stunde 15 Minuten knusprig trocknen, dabei die Blätter nach etwa der Hälfte der Zeit mit einem Löffel auflockern oder wenden. Anschließend abkühlen lassen.